NOTICE

BIOGRAPHIQUE

SUR

M. LE BARON PERCY (P.-F.);

PAR A.-F. SILVESTRE,

SECRÉTAIRE PERPÉTUEL DE LA SOCIÉTÉ ROYALE ET CENTRALE D'AGRICULTURE, MEMBRE DE L'INSTITUT, ETC., ETC.

A PARIS,

DE L'IMPRIMERIE DE MADAME HUZARD,

(NÉE VALLAT LA CHAPELLE),

Rue de l'Éperon Saint-André-des-Arts, n°. 7.

AVRIL 1825.

Extrait des Mémoires de la Société royale et centrale d'agriculture, *année* 1825.

NOTICE BIOGRAPHIQUE

M. LE BARON PERCY (P.-F.),

Lue à la séance publique de la Société royale et centrale
d'agriculture, le 10 avril 1825.

MESSIEURS,

Les notices historiques que vous consacrez à
la mémoire des confrères que vous avez perdus
ont pour objet d'offrir le tableau des travaux
importans et des actions louables qui avaient
mérité jadis un témoignage de votre estime, et
qui justifient aujourd'hui vos regrets.

Ces notices sembleraient devoir toujours ajou-
ter quelque chose à la renommée de ceux dont
elles retracent la vie; mais il est des réputations
fondées sur un mérite si éminent, sur des services si multipliés et si généralement connus,
que le sentiment public a devancé vos éloges,
et qu'on pourrait craindre, en les prononçant,
d'affaiblir même des titres hautement établis.
On doit sur - tout concevoir cette crainte lors-

-qu'on ne peut produire qu'une énumération in-
complète de ces titres , et lorsqu'on est forcé de
négliger des détails techniques qui donneraient
aux citations une juste importance, mais qui
sont étrangers à vos occupations habituelles, ou
qui accroîtraient l'étendue de ces notices , dont
la brièveté est toujours impérieusement com-
mandée.

Telle est, messieurs, notre situation à l'égard
de M. le baron *Percy* : nous serons obligés d'o-
mettre dans son éloge tant de faits importans,
de négliger ou d'abréger le récit de tant de traits
honorables , que nous craignons d'affaiblir en
vous la haute idée que vous avez conçue de ses
grands talens et de son beau caractère.

Pierre-François baron *Percy*, ancien chirurgien en chef des armées, inspecteur général du
service de santé, commandant de la Légion-d'Honneur, membre de l'Institut, des Sociétés royales
de médecine et d'agriculture , et d'un grand
nombre d'autres Sociétés savantes, naquit à
Montagney, en Franche - Comté , le 28 octo-
bre 1754. Son père, ancien chirurgien-major
d'un régiment, s'était retiré mécontent du service ; il désirait que [*Percy* fils embrassât une
autre carrière : une éducation très-soignée fa-
vorisant des dispositions peu communes , ce

jeune homme fit d'excellentes études au collége de Besançon, il y remporta les premiers prix dans toutes ses classes. Pour obéir à son père, il étudia ensuite, avec la même ardeur, les mathématiques, afin de se préparer à entrer dans le Corps royal de l'artillerie. Cependant il ne put résister à sa vocation : l'anatomie, la médecine et la chirurgie l'entraînaient irrésistiblement; dè premières notions, en quelque sorte dérobées, développèrent ce goût, firent présager ses succès, et il obtint enfin la permission de se livrer entièrement à l'étude de ces belles sciences, dont il devait, un jour, devenir l'un des plus éloquens interprètes, et des plus honorables propagateurs. Bientôt il remporta plusieurs des prix proposés par l'Académie de Besançon, et il reçut à vingt et un ans le grade de docteur en médecine. Le jeune candidat avait montré tant de capacité dans ses examens préparatoires, que la Faculté crut devoir, par une distinction honorable, le dispenser des frais de réception. Mais lorsque tout le monde applaudissait au succès de *Percy*, lui seul n'était pas satisfait de lui-même; il vint à Paris pour perfectionner son éducation chirurgicale. Le célèbre *Louis* était alors la gloire de l'École; il accueillit *Percy*, l'admit à ses cours et bientôt dans son intimité ; une affection mutuelle, inaltérable, unit le maître et l'élève, qui ont eu en effet des traits de ressemblance fort remarquables dans le caractère, dans le genre particulier de talent, et même dans la destinée.

Percy fut de bonne heure attaché comme chirurgien à la petite Gendarmerie, il publia plusieurs mémoires à cette époque; mais il donna alors une preuve de générosité et de vénération pour les savans, qui mérite d'être remarquée. Le célèbre *Lafosse*, auteur du *Cours d'hippiatrique*, ruiné en France par diverses causes, et sur-tout par l'impression de ce grand ouvrage, avait été chercher fortune en Russie, où il avait été appelé par le Gouvernement; mais n'ayant pu réussir, et ayant consommé tout ce qu'il avait emporté avec lui, il revint en France : il arriva à Nancy, dénué de tout moyen d'existence, et s'adressa à *Percy*, qui, pénétré d'estime pour ses utiles travaux, lui fournit tous les secours nécessaires, et bientôt après lui fit obtenir une place de vétérinaire dans la Gendarmerie. Ce bienfait ne fut pas perdu, car *Percy* prit auprès de *Lafosse* des connaissances approfondies d'anatomie comparée et de médecine vétérinaire. Vous avez pu juger, messieurs, jusqu'à quel point notre confrère avait poussé

l'étude de la médecine et de la chirurgie des ani-
maux ; il faisait partie de toutes les commissions
que vous chargiez d'examiner des travaux d'art
vétérinaire, et plusieurs fois il a rédigé le rapport général sur les mémoires qui vous sont en-
voyés, chaque année, pour concourir aux mé-
dailles que vous décernez aux travaux les plus
importans exécutés en ce genre.

Percy fut, en 1782, nommé chirurgien-major
du régiment de Berry, et en remplissant avec zèle
et succès ses nouvelles fonctions, il trouva le
temps de rédiger des écrits utiles, et notamment
de concourir pour tous les prix qui étaient proposés par l'Académie royale de chirurgie. Le premier de ces prix avait pour objet les instrumens
tranchans, et particulièrement les ciseaux à incision. Il avait fait, à cette occasion, des recherches
pour parvenir à bien connaître et à perfectionner
tous les instrumens de chirurgie ; il se servait
avec succès des connaissances de mécanique et
de physique qu'il avait puisées dans ses études
mathématiques, pour déterminer l'avantage po-
sitif que présentent ces différentes espèces d'instrumens dans la pratique ; son *Mémoire sur les
ciseaux à incision* contenait la comparaison rai-
sonnée des effets de tous les instrumens de ce
genre employés dans tous les temps et dans

tous les pays , et l'indication des cas dans lesquels d'autres instrumens tranchans doivent leur être préférés. Ce mémoire avait été rédigé avec un soin particulier ; *Percy* désirait beaucoup obtenir le prix, il voulait en faire hommage à son père. Le prix fut en effet accordé ; mais *Percy* n'eut que des larmes amères à verser en le recevant, son père était mort la veille même ; il perdit ainsi sa plus précieuse récompense, et ne put que déposer l'honorable couronne sur le tombeau de son père, comme un témoignage de sa tendresse filiale et de sa profonde douleur.

Le travail assidu, l'accomplissement des devoirs, l'espoir de faire du bien aux hommes ou de diminuer les maux qui les affligent, sont les adoucissemens les plus efficaces aux violens chagrins. *Percy* continua à concourir pour les prix proposés par l'Académie de chirurgie pendant plusieurs années ; il les remporta tous, et l'Académie s'empressa de le nommer associé régnicole, tant afin de compter dans son sein un si habile coopérateur que pour rendre un nouvel espoir de succès à ses concurrens découragés. Mais *Percy* semblait avoir un droit acquis à ces récompenses décernées par les corps savans ; il fut, depuis, couronné seize fois dans les concours publics ouverts par les principales Académies de l'Europe.

Il s'occupait aussi de l'histoire de la chirurgie, et pendant quatre ans consécutifs il se livra à ce grand travail; il y consacrait toute la portion de la journée qui n'était point réclamée par son service. Il n'allait point dans la société, il était tout entier aux recherches et aux méditations qu'exigeait cet ouvrage, et il passait une grande partie des nuits à sa rédaction. Son goût pour l'érudition, la connaissance approfondie qu'il avait des langues anciennes et de plusieurs langues vivantes en Europe, l'avaient mis à même de rassembler pour cet objet d'immenses matériaux.

Cependant une carrière plus vaste et plus utile encore allait s'offrir à lui. Le nuage sanglant de la révolution s'était ouvert sur la France, et un déluge de maux avait couvert notre patrie, alors si malheureuse. La guerre était commencée. *Percy* fut appelé aux armées, et il remplit d'abord la place de chirurgien en chef auprès de celle de la Moselle. Il a servi dans la même qualité pendant vingt-cinq ans, presque sans interruption, tant dans cette armée que dans celles de Sambre et Meuse, du Rhin, et dans une grande partie de celles qui firent successivement la guerre dans presque toute l'Europe. Il s'est trouvé à Ulm, à Austerlitz, à Jéna, à Eylau, à Pulstuk, à Friedland, en Espagne ; et la manière dont il avait envisagé le service d'un chirurgien militaire peut faire apprécier à quel point sa coopération était dangereuse pour lui, salutaire aux braves qu'il accompagnait au combat, et combien la belle institution de la chirurgie de bataille qu'il organisa fut utile aux succès de nos armées.

Autrefois les chirurgiens d'ambulance se tenaient derrière la ligne de bataille, et attendaient, loin des périls, qu'on leur apportât les militaires blessés. Aujourd'hui ils les soulagent sur le lieu même où ils ont été frappés : « soldats de tous les » momens, ils semblent ne jamais quitter le com- » bat; exposés aux blessures, à l'insalubrité des » lieux, à l'inclémence des saisons, à la contagion » des épidémies, ils partagent avec les guerriers » les dangers du champ de bataille (1), sans par- » tager leur gloire militaire. » L'exercice de cette chirurgie doit être différent de celui des cités ou des hôpitaux sédentaires; et sur-tout, pendant cette guerre cruelle dans laquelle l'Eu-

____

(1) Extrait de l'*Éloge historique de M. Sabattier*, page 80, in-8°. 1812.

rope entière a été engagée plus de vingt-cinq années, il a fallu que l'amour de l'humanité luttât d'énergie avec l'insatiable ambition, pour diminuer ou suspendre l'effusion de tant de sang humain. *Percy*, animé par ce noble sentiment, a été un des principaux régénérateurs de la chirurgie militaire : il s'était fait une haute idée des devoirs du chirurgien des armées ; il pensait que cet état exigeait un tel dévouement, un tel courage, tant de qualités physiques et morales, tant d'instruction, tant de zèle, de patience et de désintéressement, qu'on regarderait cette fonction comme au-dessus des forces d'un homme, si lui-même, pendant un quart de siècle, n'avait montré qu'on peut remplir ponctuellement ces devoirs dans toute leur étendue. Il avait pourtant éprouvé une violente contrariété en débutant dans la carrière militaire ; il avait envoyé devant lui des malles contenant les manuscrits de l'*Histoire de la chirurgie*, qui était à-peu-près terminée. Ces malles, qu'on avait jugé devoir cacher des choses suspectes, avaient été ouvertes en route ; mais elles ne furent pas refermées, et tous les papiers, dispersés, furent employés à l'emballage des effets destinés aux troupes ; les manuscrits de l'*Histoire de la chirurgie* servirent à emballer des chaussures et des schakos. Quelques-uns de ces papiers furent rapportés à *Percy* par des personnes qui avaient reconnu son écriture ; mais il ne put réunir qu'un petit nombre de ces feuilles éparses ; il renonça bientôt à rechercher ces débris, et il n'eut jamais ni le temps ni la force de recommencer un si grand travail. Cependant le résultat des nombreuses recherches qu'il avait été obligé de faire pour la rédaction de cet ouvrage resta dans sa mémoire, et ces recherches ont contribué sans doute au profond savoir qu'on a toujours remarqué dans tous ses écrits.

Un autre désagrément lui était réservé en 1794. D'après l'ordre de la Convention, on envoya aux différens corps d'armée des questions, appelées *épuratoires*, qui devaient être présentées à tous les médecins militaires, afin de s'assurer de leur capacité : *Percy*, alors âgé de quarante ans, et depuis long-temps chirurgien en chef, ne cacha pas l'humeur que lui donnait une semblable mesure ; cependant il s'y soumit, et pendant vingt-quatre heures que, pour répondre à ces questions, il resta renfermé privé de livres et de toute communication, il rédigea un ouvrage, depuis imprimé, qui renferme d'excellentes instructions, et qui peut être considéré comme un bon manuel de chirurgie militaire.

Mais c'est en pratiquant aux armées que *Percy* a développé ses talens administratifs, qu'il a fait ses plus belles opérations, qu'il a le mieux servi son pays et l'humanité. C'est à lui et à son collègue M. *Larrey* qu'on doit l'institution de ces corps de chirurgiens ambulans, portés sur des chars légers, parcourant avec rapidité le champ de bataille, cherchant au milieu des rangs les militaires blessés, et les pansant sous le feu même de l'ennemi. Ce fut à *Percy* qu'on dut aussi ces corps de soldats infirmiers, formés de tous les militaires que des blessures avaient rendus inhabiles au maniement des armes ; il avait porté sa généreuse prévoyance jusque dans les plus petits détails : il avait imaginé des brancards simples et commodes, qui pouvaient, dans tous les temps, être portés par deux soldats ; leurs parties divisées servaient d'armes de défense, tandis que ces parties, réunies instantanément, offraient un moyen de transport commode pour le militaire, qui, après avoir reçu sur le champ de bataille même un premier pansement, était ensuite transporté à l'ambulance de la manière la moins fatigante. L'organisation de ces services eut des résultats importans, elle diminua le danger de toutes les sortes de blessures, elle assura le succès du traitement des plaies occasionnées par les armes à

feu, soit pour les fractures, soit pour les contu-
sions. Ce fut à la suite de ces premiers moyens
salutaires employés que *Percy* parvint à guérir
des fractures jusqu'alors réputées incurables, à
diminuer l'usage des amputations, et à fixer l'é-
poque précise la plus favorable pour exécuter
celles qui étaient encore indispensables. Ses opérations sur la résection de la tête de l'humérus
dans le cas de carie, et à la suite desquelles le
bras a conservé la faculté d'exercer plusieurs
mouvemens, lui ont sur-tout fait grand honneur.
C'est à l'armée qu'il a donné tant de preuves de
l'heureux emploi du feu, dont il a consigné la
théorie et les applications dans un ouvrage qu'il
a publié ultérieurement ; c'est là qu'il a perfec-
tionné plusieurs instrumens chirurgicaux qui ne
sont pas les moindres de ses bienfaits.

Percy ne craignait ni la fatigue ni les dangers ; dans les marches forcées, si fréquentes
alors, il ne quittait jamais ses subordonnés ;
couché comme eux sur la paille, souvent dans
des lieux infects, où le pillage et les massacres
l'avaient précédé, il délaissait la table des gé-
néraux pour partager les plus chétifs repas ; il
trouvait par-tout sur son passage des blessés,
des malades, des vieillards : ennemis ou com-
patriotes, il portait par-tout les secours de son

art; par-tout il consolait l'infortune; par-tout il distribuait des secours et des alimens dont lui-même aurait eu souvent si grand besoin. Dans le moment de l'action, il se portait, à la tête de ses collaborateurs, sur tous les points où il y avait des blessés à secourir; il faisait ou surveillait les premiers pansemens, les premières opérations sur le champ de bataille même, tandis que les balles et les boulets qui pleuvaient autour de lui semblaient être écartés par une main toute-puissante, qui protégeait un si noble dévouement. *Percy* ne fut blessé que trois fois dans le cours de ses campagnes, la dernière de ses blessures présenta, seule, quelque danger, et exigea un assez long traitement.

Une si généreuse conduite lui avait non-seulement attiré la confiance et l'attachement des soldats français, qui le regardaient comme leur père; mais encore elle excitait l'admiration des étrangers : ce fut à l'instigation de *Percy*, et en considération de la conduite que lui et ses collaborateurs avaient tenue, que *Moreau*, général de l'armée de Rhin et Moselle, obtint des puissances belligérantes cette convention si honorable pour la chirurgie militaire, qui faisait regarder comme neutres tous les officiers de santé faits prisonniers de part ou d'autre, et ordonnait leur renvoi immédiat à leurs armées respectives. *Percy* jouissait de l'estime particulière du prince *Charles*, qui la lui a témoignée dans plusieurs circonstances ; il était honoré de l'affection du roi de Bavière. Le roi de Prusse l'avait appelé à des conférences très-fréquentes pendant le traité de Tilsitt ; depuis, il a demandé souvent des nouvelles de *Percy* au premier chirurgien de ses armées. Il avait eu aussi le bonheur de voir la reine de Prusse, et le journal de ses souvenirs consacre la profonde vénération dont il était pénétré pour cette auguste et malheureuse princesse, ornée de tant de grâces et de si hautes qualités, enlevée si jeune au monde, et que l'envie déchaînée a cherché vainement à ravir à l'admiration et au tendre intérêt de l'Europe.

Une ophthalmie grave et très-prolongée ayant empêché *Percy* de prendre part à la guerre de Russie, il devait au monde savant la communication de ses utiles observations, les résultats de sa longue pratique, et il employa son temps de repos à satisfaire à ce devoir. Déjà il avait publié précédemment un *Traité de pyrotechnie chirurgicale*, ou l'art d'appliquer le feu dans le traitement de diverses maladies ; il s'était montré grand partisan de cette méthode, recommandée par *Hippocrate*, très-communément pratiquée chez les anciens, et qu'il croyait maintenant trop négligée ; sa longue expérience l'avait fortifié dans sa première opinion, et vous l'avez souvent entendu parler des recherches dont il était occupé pour trouver les substances qui pouvaient, avec le plus de succès, faire l'office de moxa. Il vous a parlé plusieurs fois des avantages qu'il avait reconnus, à cet égard, dans la moelle du grand soleil, qui brûle facilement et sans donner de fumée.

Déjà reçu, quoique absent, à l'Académie royale des sciences, il a lu aux séances de cette Compagnie divers mémoires, et sur-tout des rapports très-instructifs sur la plupart des ouvrages de chirurgie et d'anatomie qui étaient présentés ; son style, son jugement sûr et ses connaissances variées, rendaient attachante la lecture de ces travaux techniques ; il savait donner de l'intérêt aux choses abstraites, aux images qui auraient naturellement inspiré le plus de répugnance, et à l'égard desquelles il paraissait le plus difficile de soutenir l'attention des auditeurs. Il avait conservé depuis ces premières études, qu'il avait faites avec tant de distinction, un goût prononcé pour l'érudition ; il aimait non-seulement celle qui avait rapport à son art, dont il avait étudié l'histoire avec grand soin, mais encore celle qui est purement littéraire. Il avait la mémoire ornée des plus beaux passages d'*Horace*, de *Virgile*, de *Cicéron*, de *Tacite* et d'un grand nombre d'autres auteurs grecs et latins. Les pensées des anciens lui étaient si familières, qu'elles se trouvaient naturellement dans son langage et sous sa plume. Les objets qu'il traitait le plus volontiers étaient ceux qui se rapportaient aux coutumes des peuples antiques, aux travaux des anciens auteurs; il aimait les épigraphes, les sentences, les pensées concises et profondes des anciens, leurs heureuses expressions; il en enrichissait ses mémoires et ses rapports, et il inscrivait autour de lui, dans son habitation, celles dont il avait été le plus vivement frappé.

Ses délassemens le portaient volontiers à faire des recherches archéologiques; il a lu à l'Académie royale des inscriptions et belles-lettres des mémoires sur les alcarazzas et sur les énormes amphores qu'il avait vu employer en Espagne, les premiers pour le refroidissement de l'eau, les secondes pour la conservation du vin et des autres liquides; il a prouvé que les plus anciens peuples se servaient de ces vases pour les mêmes usages. Il a lu à la même Académie un mémoire sur les autels et sur les tombeaux des peuples du Nord ; il y avait inséré des rapprochemens curieux sur les pratiques anciennes à cet égard avec celles des peuples modernes , sauvages ou civilisés.

Les Sociétés de médecine, la Faculté, avaient droit à ses premiers, à ses plus fréquens hommages, et il avait les trésors d'une mine inépuisable à leur offrir; il leur a lu plusieurs mémoires sur la léthalité des blessures aux aines , sur les maladies utérines et sur le part hydatique ; sur les hôpitaux chez les anciens et chez les modernes ; sur les précautions à prendre pour maintenir la santé des troupes dans les armées ; sur les cautères actuels ; sur l'emploi des alcalis combinés à l'opium dans le traitement du tétanos. Ses ouvrages les plus importans, présentés à la Faculté de médecine, furent l'*Éloge d'Anuce Foës* et celui de *Sabattier*. L'un avait pour objet un savant médecin et très-habile helléniste du seizième siècle, qui avait fait, le premier, une édition latine des *OEuvres d'Hippocrate*, et dont la Faculté de médecine voulait inaugurer le buste dans le local de ses séances. *Percy* attribue à ce travail d'*Anuce Foës* et à sa pratique éclairée le bienfait du retour à la salutaire doctrine de l'observation des praticiens, qui étaient alors égarés par des sys-

têmes bizarres et par des préjugés ; il avait sur-
tout remarqué dans *Foës* l'habitude de re-
cueillir les sentimens des anciens, et de les trans-
crire sur les ouvrages qu'il rédigeait, sur ceux
même qu'il possédait. Il cite plusieurs de ces
sentences qui font honneur à l'esprit et au cœur
de *Foës;* mais nous ne céderons pas à l'occasion
de présenter avec un plus grand avantage encore notre confrère, qui se livrait si fréquemment à cette pratique, et qui montrait dans le
choix qu'il faisait de ses citations autant de déli-
catesse dans le goût que de justesse dans l'esprit.

L'*Éloge de Sabattier* est un ouvrage plus
étendu encore que ne l'était celui d'*Anuce
Foës;* en traitant un pareil sujet, *Percy* pouvait
facilement rehausser l'éclat de la chirurgie, jadis injustement rabaissée dans l'opinion publique;
mais nous ne connaissons que par tradition ces
disputes de prééminence qui sont maintenant
dépourvues d'intérêt ; de grands hommes ont
pratiqué l'art de la chirurgie, ils ont imposé
silence aux prétentions ; il serait impossible aujourd'hui de dire si la profession de *Louis*, *Dessault* et *Sabattier* était plus ou moins honorable
que celle de *Bouvart*, *Malouet* et *Hallé*. Le gé-
nie a depuis long-temps effacé toute ligne de
démarcation entre les diverses branches de l'art

de guérir. *Percy*, en parlant devant la Faculté de médecine, a pu entrer dans tous les détails techniques qui servaient à former une haute idée du mérite de *Sabattier*. Cet éloge est un très-bel ouvrage, dans lequel l'orateur a déployé une éloquence qu'on pourrait comparer à ce qui existe de mieux en ce genre. Son parallèle entre *Dessault* et *Sabattier*, qui fait partie de cet éloge, est un morceau qui rappelle la manière des plus grands maîtres. Me serait-il permis de citer une seule des pensées répandues dans cet ouvrage, qui semble avoir été la règle de conduite de *Percy*, et pouvoir servir à faire apprécier son caractère : « Le secret, dit-il, le plus sûr et le » plus noble de résister à la tentation de haïr les » hommes quand on les croit pervers, c'est de » se condamner généreusement à leur être toujours utile. »

Percy a prononcé plusieurs autres éloges et notices biographiques en l'honneur de divers savans ou médecins célèbres ; il a plaidé diverses fois devant les conseils militaires et devant les tribunaux révolutionnaires pour défendre plusieurs de ses concitoyens injustement accusés ; il paraît qu'un des hommes élevés aujourd'hui au plus haut rang lui a dû la vie ; beaucoup d'émigrés ont été défendus ou cachés par ses soins généreux ; mais il a plaidé avec énergie sur-tout pour sauver plusieurs de ses collaborateurs. Dans ces temps de troubles, de confusion des états, d'incertitude dans les droits, de préten- tions dans les attributions, d'abus dans la fa- veur, *Percy* profitait de l'autorité que ses ser- vices éminens lui avaient acquise, pour soute- nir ses subordonnés et pour rehausser sa pro- fession : les conflits d'autorité, les disputes de suprématie avec les autres corps militaires et ad- ministratifs se renouvelaient fréquemment , et *Percy* était toujours prêt, soit à solliciter auprès de l'Administration pour ses blessés et pour ses malades, soit à soutenir personnellement sa querelle avec un courage trop souvent peut-être éprouvé, soit à plaider judiciairement devant les tribunaux la cause de ses amis ou de ses subor- donnés.

Son éloquence était animée et abondante; les idées semblaient se presser dans son imagina- tion; son profond savoir les modifiait sous di- verses formes, et les enchaînait à de nombreux souvenirs qui leur servaient de complément et d'appui. Il ne disait point de paroles inutiles, son expression était élevée et concise ; mais la ri- chesse de ses pensées le mettait dans le cas de donner un grand développement à tous ses travaux littéraires.

Tandis que *Percy* était resté à Paris, et qu'il y publiait les résultats de sa longue pratique et de ses méditations, des revers inouis, dont l'impartiale histoire a déjà signalé les causes déplorables, avaient livré nos armées sans défense au fer de leurs ennemis, à l'âpreté d'un climat rigoureux, plus redoutable encore pour elles; les étrangers avaient pénétré dans l'intérieur de la France, ils étaient entrés dans Paris. Douze mille soldats de leurs armées, blessés ou malades, étaient sans pansement, sans linge et sans asile; *Percy* fut leur sauveur. A sa demande, les vastes abattoirs de la capitale furent mis à sa disposition; un appel général fut fait à tous les habitans, qui s'empressèrent de fournir du linge, des matelas, des couvertures et des secours de toute espèce; les chirurgiens militaires et civils répondirent à l'appel de leur maître chéri; en trente-six heures, un service régulier fut établi dans tous les abattoirs, et des milliers de soldats étrangers lui dûrent ainsi la prolongation de leur existence. Un service aussi éminent n'échappa pas à l'attention des souverains réunis alors à Paris. Déjà *Percy* avait reçu la croix de commandant de la Légion-d'Honneur et le titre de baron : dans cette circonstance, il reçut de l'empereur de Russie la décoration de l'ordre de Sainte-Anne ; du roi de Prusse, celle de l'Aigle-Rouge ; du roi de Bavière, celle du Mérite. L'ambassadeur d'Angleterre lui offrit aussi une très-belle tabatière de la part de son souverain; mais il crut devoir refuser ce riche présent, dont la valeur vénale semblait seule faire tout le mérite.

Percy fut nommé à la Chambre des députés en 1815, et il servit encore dans la campagne qui fut terminée à Waterloo ; il ne parut que peu de fois à la Chambre, et son service comme chirurgien militaire à cette époque ne fournit aucun trait nouveau à son éloge. Son zèle, son courage, sa présence d'esprit, étaient toujours les mêmes ; mais le service de la chirurgie militaire marchait alors régulièrement, d'après les erremens qu'il lui avait donnés, et ce service eut alors en effet plus que jamais besoin d'être soutenu par une aussi salutaire organisation.

Depuis lors, *Percy* se consacra à la continuation de ses travaux scientifiques ; il lut à l'Institut et aux Académies royales de médecine et d'agriculture plusieurs dissertations, et fit un grand nombre de rapports. Ses mémoires sur la réunion des parties après leur séparation plus

ou moins absolue du corps humain, sur le méri-
cisme, ou sur les ruminations humaines, sur la
lumière phosphorescente qu'on aperçoit à la sur-
face de certaines plaies ; ses recherches sur Co-
pernic ; ses savans rapports sur les travaux ana-
tomiques et chirurgicaux de MM. *le Gallois,
Magendie , Serres, Edwards , Lisfranc , Du-
camp ,* etc. , ainsi que les nombreux articles qu'il
a insérés dans le *Dictionnaire des sciences médi-
cales ,* sont dus à cette époque.

Il s'occupait aussi à Paris de l'arrangement
d'une magnifique collection d'armes anciennes
et modernes qu'il avait eu soin de réunir : c'était
depuis l'époque à laquelle il avait remporté le
prix proposé par l'Académie de chirurgie sur les
ciseaux à incision qu'il avait commencé cette collection , et il avait depuis saisi toutes les occa-
sions de l'étendre et de la compléter ; il cher-
chait à comparer les armes offensives de tous les
temps et de tous les pays, à juger de l'effet et
du danger de leurs différentes blessures, et à apprécier la résistance des diverses armes défensives
dans les mêmes temps et chez les mêmes peuples. Sa collection est considérable et fort cu-
rieuse ; elle contient plusieurs armures, ou por-
tions d'armures , qui ont appartenu à des
hommes très-célèbres dans l'histoire moderne.

Une occupation pour lui plus étendue et plus continuelle avait pour objet l'amélioration d'un domaine rural qu'il possédait à Mongey près Lagny, et qu'il faisait valoir lui-même. *Percy,* ayant passé une grande partie de son existence dans le tumulte des camps, ayant eu toujours des travaux très-fatigans, n'aurait pu supporter les loisirs de la vie privée, s'il n'eût trouvé à la campagne des occupations aussi actives dans les opérations manuelles à exécuter, dans les services à rendre, dans les améliorations utiles à préparer. La correspondance qu'il entretenait avec tous les chirurgiens qui jugeaient à propos de le consulter, et dont il ne laissait jamais les demandes sans réponse, employait ses soirées; il rendait ce travail plus facile par l'habitude qu'il avait prise de dicter avec aisance plusieurs lettres à-la-fois. Tous les momens du jour étaient employés à l'amélioration de sa culture; il s'occupait à répéter des expériences, ou à préparer des objets d'économie rurale, dont il croyait la propagation utile aux habitans des campagnes; il voulait que sa terre, que ses jardins, que ses bâtimens d'exploitation, pussent servir de modèle d'une agriculture perfectionnée; il vous a rendu compte, messieurs, des nombreux essais qui l'avaient conduit à procurer aux cultivateurs

une boisson économique, agréable et salubre,
il vous a parlé de ses essais heureux pour obtenir ou préparer une huile comestible avec les
graines de diverses plantes oléagineuses, notamment avec celles du grand soleil ; il vous a décrit
son orangerie économique, dans laquelle il entretenait, pendant les plus grandes gelées, une tem-
pérature de cinq à six degrés, sans chaleur ar-
tificielle et sans dépense. Il avait établi une
communication de ce bâtiment avec ses étables,
en interrompant le passage des vapeurs, et depuis seize ans il conservait ainsi en parfaite
santé ses orangers, et un assez grand nombre
d'arbustes d'agrément qui n'auraient pu passer
l'hiver en pleine terre.

Il avait aussi deux occupations principales pendant son séjour à Mongey ; il y exerçait la bien-
faisance envers les malheureux, il y pratiquait
la médecine des pauvres. Cette pratique éclairée,
qui avait naguère étendu la réputation de
Percy sur une grande partie de l'Europe, était
maintenant concentrée dans un rayon de sept à
huit lieues ; de toutes les campagnes voisines on
accourait à ses consultations, toujours accordées
et toujours gratuites ; le malade indigent empor-
tait souvent avec les conseils du médecin les
consolations données par le sage, les secours

accordés par le philantrope. Souvent aussi chez lui
l'aliment nécessaire était offert au pauvre ; lors
de la disette mémorable de 1816, quarante sou-
pes aux légumes étaient, tous les jours, distri-
buées dans sa maison. Mais le cœur de *Percy*
n'était pas seulement ouvert à l'indigence ; ses
amis, d'autant plus chéris, qu'ils étaient plus
anciens, trouvaient toujours en lui, lorsqu'ils
étaient dans l'embarras, un appui et un bien-
faiteur ; il allait au devant de leurs désirs. L'un
d'eux m'écrivait récemment qu'ayant perdu sa
femme et une partie de sa fortune, *Percy* crut
qu'il ne lui restait plus de moyens de vivre ho-
norablement ; il lui écrivit aussitôt pour l'invi-
ter à venir recevoir près de lui les consolations
de la tendre amitié. « Nous passerons ensemble,
» lui marquait-il, le reste de notre vie, et cet ar-
» rangement comblera de satisfaction mon ex-
» cellente femme autant que moi-même. »

Cependant la santé de *Percy* s'affaiblissait sen-
siblement ; dès le temps de la bataille d'Eylau et
pendant la guerre d'Espagne en 1808, il avait
éprouvé dans les viscères du bas-ventre les at-
teintes d'une inflammation chronique contre laquelle il luttait depuis vainement ; cette affection avait pris plus de force, et des palpitations
fréquentes dénotaient une maladie organique du

cœur. *Percy* dès-lors se refusa à tous les plaisirs de la société ; mais ses devoirs ne le trouvèrent jamais malade ; toujours assistant aux séances de l'Institut, partageant toujours vos travaux , on ne le jugeait souffrant que par la retraite dans laquelle il passait tous les momens consacrés aux délassemens.

Doué d'une constitution robuste , d'une force physique extraordinaire, il savait surmonter surtout la douleur. Il assista récemment encore aux obsèques de son honorable collègue , le docteur *Deschamps*, et il prononça sur sa tombe une touchante notice nécrologique ; mais tous les efforts qu'il faisait alors pouvaient à peine soutenir sa voix. L'air, me disait-il, en revenant de cette triste cérémonie, semble ne pouvoir parvenir jusqu'à mes poumons : il présagea dès-lors que sa fin serait prochaine, et ce pressentiment ne fut que trop justifié. Bientôt des douleurs insupportables le forcèrent à chercher du repos; des symptômes alarmans se manifestèrent, et sa famille obtint enfin qu'il appellerait à son aide ces secours salutaires que lui-même avait prodigués si long-temps ; mais les soins assidus, les remèdes héroïques furent en vain multipliés; les maux étaient si intenses et si continuels, que *Percy* ne désirait plus que la mort. Je crois, disait-il à ses amis, la voir à travers un corps transparent; elle s'approche de moi, et il me semble que je frappe à coups redoublés pour rompre la faible barrière qui nous sépare. Quatre jours avant de mourir, *Percy* fit appeler M. le curé de Saint-Gervais qu'il connaissait beaucoup, et il reçut de lui le gage sacré de la récompense que sa vie exemplaire pouvait lui faire espérer de trouver dans un monde meilleur. Il s'abandonna alors entièrement aux opérations les plus douloureuses, à des tourmens qui ajoutaient encore à des maux cruels, mais qui ont peut-être prolongé de quelques momens la pénible existence qu'il a terminée le 18 février dernier. *Percy* a conservé sa tête jusqu'à la fin; deux heures avant d'expirer, il reconnaissait encore les parens, les amis dont il était entouré; sa main pressait affectueusement leur main tremblante, et son dernier soupir a été dirigé vers eux.